Biggi Weber

Damsarta

und sein Leben nach dem Tod

Autor, Herausgeber, Texte, Titelbild:
Biggi Weber

Bilder: Jenny Persch
Titelbild: Sascha Persch

Herstellung und Verlag:
BoD - Books on Demand, Norderstedt, Deutschland

©Biggi Weber 2014
überarbeitete Ausgabe

ISBN 978-3-7357-8565-7

Vielen Dank

an Jenny und Sascha für die Bilder

und an Chrissi fürs korrigieren

Inhalt

Vorwort

Warum sterben wir?

Was kommt nach dem Tod?

Jedes Leben auf diesem Planeten wird irgendwann enden. Den meisten Menschen ist dies nicht bewusst oder sie verdrängen es in ihrem Alltag.

Wenn dann ein nahestehendes Wesen sterben muss kommt die Trauer, die Wut und die Verzweiflung. Oft wird auch dann erst bewusst, dass wir selbst auch einmal sterben müssen.

Leider wissen die Wenigsten dass der Tod eben nicht das absolute Ende bedeutet sondern nur einen Übergang in eine andere Dimension darstellt.

Von diesen Übergängen erzählt dieses Buch mit seinem Hauptdarsteller Damsarta.

In seinen kurzen Geschichten zeigt er uns was das Leben so bringt und was uns nach dem Tod erwartet.

Damsarta der Baum

In allen Multiversen tummeln sich eine unendliche Zahl an winzig kleinen Energieteichen namens Emgehas.

Sie veranstalten die verrücktesten Sachen. Formatieren sich zu grellen Blitzen, bilden einen Kreis, türmen sich bis zu einem Kilometer in die Höhe oder rennen um die Wette. Sie sind glücklich und verspielt und jeder von Ihnen trägt das Wissen über die Vergangenheit, Gegenwart, Zukunft und die Ewigkeit in sich.

Unter ihnen lebt auch Damsarta. Ein kleines, freches und unermüdlich auf und abspringendes Emgeha. Es hat Millionen Freunde um sich herum mit denen es täglich spielen und lernen kann.

Eines Tages als Damsarta sich gerade wieder mit seinen Freunden in einen Blitz verwandeln will, wird er urplötzlich hinweg gezogen.

Er kennt dieses Gefühl. Dies hat er schon oft in seinem langen Dasein erlebt. Er ist wahnsinnig Neugierig was ihn dieses Mal erwartet.

Nach einigen Sekunden der Schwerelosigkeit und Leere erwacht er in einer ihm fremden Welt.

Er reißt die Augen auf, aber er kann nichts sehen. Es ist völlig dunkel um ihn herum. Sein Herz beginnt zu rasen und in seinem Bauch fühlt es sich an als ob da tausend kleine Krabbelkäfer Fussball spielen. Er ist wahnsinnig neugierig hat aber auch gleichzeitig ein mulmiges Gefühl.

Doch nun nimmt er all seinen Mut zusammen, atmet ganz tief durch und überlegt: „Hier ist es dunkel, aber auch feucht und warm. Wo bin ich nur?"

Er flüstert leise: "Ist da jemand?" „Ja", hört er es plötzlich neben sich. „Ich bin Komsa und ich bin Pulsa." Hundert Namen werden ihm zugeflüstert.

„Hey Freunde, freue mich euch alle zu hören. Ich bin Damsarta. Seid ihr auch mit dem großen Zog hierher gekommen?" „Ja", antwortet Pulsa „hast du eine Ahnung wo wir hier sind?" „Nein", aber es tut unheimlich gut zu wissen, dass ich nicht alleine bin."

Sie beschließen abzuwarten was geschieht. Meistens, das wissen die Emgehas aus Erfahrung, muss man einfach ein bisschen Geduld und Vertrauen haben.

So dösen sie einige Wochen vor sich hin und denken über die Vergangenheit nach.

Sie erinnern sich an die vielen anderen Freunde, die zurückgeblieben sind und an die verrückten Ideen die sie immer zusammen hatten. Sie kichern oft amüsiert vor sich hin und wackeln dabei in ihrem engen Zuhause auf und ab. Dies ist ja bekanntlich auch die Lieblingsbeschäftigung von Damsarta.

An einem neuen Morgen macht Damsarta eine aufregende Entdeckung. Wenn er nach oben blickt kann er etwas Helles erkennen. Er freut sich riesig.

„Da ist ein Licht", freut er sich. „Da will ich hin." „Huhu, habt ihr das Helle da oben entdeckt?, ruft er aufgeregt seinen Freunden zu. „Oh, du hast recht, da scheint Licht zu sein."

Damsarta reckt und streckt sich nach oben um ihn herum wird eine Art Hülle immer größer und größer.

Einige Tage später durchstößt Damsarta den weichen Boden und ist an der Oberfläche angekommen. Die Sonne scheint ihm hell entgegen und wärmt ihn und seine neue Hülle ganz zärtlich. Er bricht in freudigen Jubel aus.

Nachdem er sich wieder etwas beruhigt hat, schaut sich Damsarta vorsichtig um. Neben sich entdeckt er einen riesengroßen Baum.

„Wie heißt du? Wer bist du?" stottert Damsarta. Der Baum antwortet mit ruhiger Stimme: „Mein Name ist Bukotu und ich bin ein Mammutbaum. Schon seit 2567 Jahren lebe ich hier in diesem Wald. Ich beobachte alles was um mich herum vor sich geht."

„Boa, so lange bist du schon hier?" sprudelt es aus Damsarta heraus. „Da kannst du sicher tolle Geschichten erzählen." Jetzt sieht Damsarta an sich herab. Er entdeckt einen Stengel und kleine Äste mit Knospen. „Uii, ich bin ja auch ein Baum", strahlt er.

„Hohoho, ein Baum bist du noch nicht eher ein zartes Pflänzchen", brummt der Mammutbaum amüsiert vor sich hin. Damsarta verzieht das Gesicht und schaut beleidigt in die andere Richtung.

„Nun sei nicht eingeschnappt" sagt Bukotu mit besänftigendem Unterton. „Komm, ich erzähl dir ein paar Geschichten aus meinem langen Leben.

„Au ja", freut sich Damsarta. „Ich glaube auf diesem Planeten war ich noch nie. Wie heißt er und in welchem Universum befindet er sich? Wer wohnt hier? Was gibt es zu entdecken?"

Damsarta überschlägt es fast die Stimme, so aufgeregt und wissbegierig ist er. Der alte Baum lacht: "Nur die Ruhe, mein Junge. Wir haben Zeit, sehr viel Zeit. Ich werde dich schon in die Geheimnisse hier einweihen."

„Also", beginnt Bukotu mit sanfter, ruhiger Stimme. „Dieser Planet heißt Erde. Er befindet sich im 37. Multiversum. Dieses Multiversum enthält einige hundert Milliarden Galaxien. Eine dieser Galaxien ist geformt wie ein Diskus und wird von den Menschen Milchstraße genannt, weil man von der Erde aus viele Milliarden Sterne erkennen kann, die wie eine Straße am Nachthimmel erscheinen.

Es gibt noch weitere zehn Planeten in diesem Sonnensystem aber die Menschen kennen davon erst neun.
Wie gesagt, einer dieser Planeten heißt Erde und auf dieser bist du gelandet.

Die allerersten Emgehas, die sich auf dieser Erde niedergelassen haben, fanden sich in ganz einfachen Hüllen wieder. Diese gibt es auch heute noch und werden von den Erdlingen Einzeller genannt.

Im Laufe der Jahrmillionen entstanden immer neue und vielfältigere Hüllen. Heute gibt es hier unzählige verschiedene leere Hüllen in die wir Emgehas eintreten können um sie mit Lebensenergie zu füllen".

„Sieh dich um. Was kannst du erkennen?" unterbricht Bukotu seine Erzählung."

„Hmm, ich sehe viele Bäume. Vor mir auf dem Boden liegen graue runde Klumpen und um mich herum sind viele bunte Dinge. „Genau, du beobachtest gut", stellt Bukotu anerkennend fest.

„Die grauen Klumpen gibt es in vielen verschiedenen Größen und Formen. Sie werden von den Erdlingen Steine genannt. Sehr große Steine nennen sie auch Felsen oder Berge".

In diesem Augenblick krabbelt ein seltsames, haariges Wesen auf Damsarta zu.

„Boa, du siehst ja lustig aus. Wer bist du denn?“, lacht Damsarta.

„Ich bin eine Raupe. Ich fresse gerne junge Blätter damit ich groß und kräftig werde. Danach verpuppe ich mich und verwandle mich in einen wunderschönen Schmetterling.“

„Und bist du auch ein Emgeha?“ „Ja sicher. Wie könnte ich denn sonst leben?“, erwidert die kleine Raupe erstaunt.

Bukota klärt Damsarta auf: „ Überall auf diesem Planeten und in allen Multiversen gibt es unzählige Emgehas. Ohne uns würde der gesamte Kreislauf des Lebens zusammenbrechen und es gäbe nur tote Materie.“

„Na wenn das so ist dann lass Dir meine Blätter schmecken. Ich habe ja genug davon und sie werden sicher wieder nachwachsen."

Damsarta schaut neugierig zu Bukota: „Die Bäume und die Raupen sehen völlig unterschiedlich aus, aber du sagst überall sind Emgehas drin?"

„Ja", sagt Bukota. „Ich habe Dir doch gesagt, dass es unzählige Hüllen für uns Emgehas gibt. Die Menschen unterscheiden lebende Materie wie Pflanzen, Tiere, Menschen und tote Materie wie Steine, Erde, Wasser und Feuer.

Der Mensch hält sich selbst auf diesem Planeten für das höchstentwickelte Wesen."

„Oje, was sind denn Pflanzen, Tiere und Menschen?" will Damsarta wissen.

„Nun mein Freund. Pflanzen sind Wesen wie wir Bäume. Aber auch das Gras über deinen Wurzeln, Sträucher, Blumen, Algen im Wasser und noch vieles mehr. Die meisten Pflanzen sind schon ewige Zeiten auf diesem Planeten und viele von ihnen tragen das universelle Wissen in sich.

Dieses geben sie von Generation zu Generation durch Düfte und Schwingungen weiter.

„Warum erinnere ich mich nicht an meine vergangenen Leben?"

„Weil wir im großen Zog selbst entscheiden dürfen ob wir unsere Erinnerungen mitnehmen wollen oder einen Großteil allen Wissens verlieren um im neuen Leben wieder ganz unbefangen von Neuem beginnen zu können.

Erst kurz bevor wir den materiellen Körper wieder verlassen und zurück zu unserem Ursprung gehen erinnern wir uns an alle unsere Daseinsformen.

Jede Lebensform, sei es hier auf dem Planeten Erde oder auf einem anderen Planeten im Multiversum dient uns zur Weiterentwicklung und als Lernprozess."

„Wieso hast du nicht alles vergessen und kannst dich erinnern?" fragt Damsarta ungläubig.

„Nun, manchmal dürfen wir uns an eine unserer Daseinsformen und an unseren Ursprung erinnern um bewusster zu leben. Wir können unser Handeln und Denken noch besser steuern und haben dadurch die Gelegenheit tiefere Einsichten in das Dasein zu bekommen.

Damsarta ist glücklich einen so erfahrenen Freund gefunden zu haben und er hört seinen Geschichten immer aufmerksam zu.

Sie leben von nun an lange Zeit miteinander in dem wunderschönen Urwald und Damsarta wird so groß und kräftig wie Bukota.

Nach 123 Jahren bekommt Damsarta Besuch von einigen gefräßigen Käfern die ihm alle Blätter und die Rinde abfressen.

Er sagt zu Bukota: "Ich spüre wie mich meine Kraft verlässt. Ich erinnere mich plötzlich an alle meine Emgeha Freunde im fernen Universum."

„Nun ist es Zeit für dich zu gehen und dich auf die große Reise zu begeben. Ich wünsche dir eine unbeschwerte Auszeit und einen interessanten Neubeginn", antwortete Bukota mit beklommener Stimme.

Er hat sich im Laufe der Jahre doch sehr an seinen Freund gewöhnt und ihn von Herzen lieb gewonnen. Tief in seinem Innern weiß er aber, dass sie sich irgendwann wieder sehen werden um für immer und ewig zusammen zu bleiben.

Die Käfer haben inzwischen alle Blätter und die gesamte Rinde von Damsarta aufgefressen. Er bekommt nur noch wenige Nährstoffe über die Wurzeln und trocknet immer mehr aus.

Jetzt spürt er den geliebten Sog der ihn ganz sanft über die Baumwipfel hebt. Er sieht zu Bukota hinab, der traurig seinen abgestorbenen Freund mit seinen Ästen streichelt.

Der Sog wird immer stärker und stärker. Damsarta fliegt hoch in die Wolken und weiter in das All. Der Planet Erde wird immer kleiner und kleiner.

Er verlässt die Galaxie und das Universum und landet wieder inmitten der unzähligen Emgehas, die ihn mit Jubel und Freude empfangen.

Er ist wahnsinnig glücklich wieder hier zu sein und sich an alle seine vergangenen Lebensformen zu erinnern. Begeistert berichtet er den anderen Emgehas von seinem Erlebnis mit Bukota, von der Raupe, den Käfern und von dem Leben als Baum auf dem Planeten Erde.

Damsarta als Hund

Damsarta wurde inzwischen, es sind in Menschenjahre etwa 2073 Jahre vergangen, zweimal auf andere Planeten gezogen. Einmal war er eine Art Fisch im Meer und einmal eine Bakterie.

Seit etwa 738 Jahren ist er wieder bei den anderen Emgehas und verbringt seine Zeit mit Spielen, Toben und Erfahrungen austauschen.

Sie sitzen gerade beisammen um den Rückkehrern von ihren Erlebnissen zuzuhören.

Damsarta träumt vor sich hin wie schön es wäre wenn er jetzt noch mal die Emgehas verlassen könnte und auch wieder eine neue unbekannte Lebensform annehmen dürfte.

In diesem Moment beginnt auch schon der große Sog und zieht ihn davon. Er rast durch das All vorbei an vielen Galaxien.

Er möchte sich nach der neuen Geburt nicht an sein wahres Wesen erinnern.

Kurz darauf erwacht er wieder in einer warmen, weichen und dunklen Umgebung.

„Wo bin ich, wer bin ich und was bin ich?" schießt es ihm durch den Kopf. Wie immer beschließt er einfach Geduld zu haben und abzuwarten.

In den nächsten Tagen verlässt ihn immer mehr seine Erinnerung und nach zwei Monaten kommt er als einer von fünf putzigen, kleinen Welpen zur Welt.

Er tollt mit seiner Mutter und mit seinen Geschwistern herum. Er frisst, spielt und schläft sehr viel.

Nach sechs Wochen hält plötzlich ein seltsamer Kasten neben ihnen und einige Menschen steigen aus.

Sie laufen auf Damsarta zu, nehmen ihn hoch und die kleinen Menschen jubeln begeistert. Damsarta weiß gar nicht wie ihm geschieht.

Im nächsten Moment haben sie ihn mit in den Kasten genommen. Er wird geknuddelt und geschmust und er lässt es sich gerne gefallen, denn es tut ihm sehr gut.

Sie fahren weit weg in ein Haus. Hier darf Damsarta herumspringen und fressen.

Nach einer Weile hat er genug mit den Menschen gespielt und möchte nun gerne zurück zu seiner Mutter und seinen Geschwistern.

Er läuft zur Tür doch nirgendwo kann er dieses Gebäude verlassen. Alle Türen und Fenster sind verschlossen und der Garten hat einen undurchdringlichen Zaun.

Traurig legt sich Damsarta auf eine Decke und denkt an seine geliebte Familie.

Nach einigen unruhigen Tagen gewöhnt er sich aber immer mehr an seine neuen Familienmitglieder.

Sie nennen ihn Fifi. Gehen mit ihm spazieren, geben ihm zu Fressen, toben und kuscheln immer ausgiebig mit ihm.

Mit der Zeit fühlt er sich hier ganz zuhause. Er wartet auf Herrchen und Frauchen bis sie von der Arbeit kommen und freut sich, wenn die Kinder mit ihm spielen.

Nach einigen unbeschwerten Wochen beginnen die Menschen verschiedene Sachen aus den Schränken in Koffer zu packen. Sie laufen wild durcheinander und sind alle ganz aufgeregt.

Fifi wird unruhig. „Was passiert denn jetzt? Wo wollen wir denn hin?", bellt er den anderen zu. Doch diese schimpfen mit ihm, er solle mit dem Lärm aufhören.

Also legt sich Fifi geduldig auf seine Decke und wartet ab.

Nach einigen Stunden tragen die Menschen die Koffer hinaus ins Auto.

Fifi liegt noch immer auf seinem Platz und beobachtet alle.

Kurz darauf kommt sein Herrchen zu ihm und sagt er soll mitkommen.

Fifi weiß nicht genau ob er sich freuen soll oder Angst haben muss denn er mag Autofahren nicht besonders. Er erhebt sich aber gehorsam und läuft mit seinem Herrchen zum Auto.

Er springt auf den Rücksitz zu den Kindern. Sie streicheln und drücken ihn. Das gefällt ihm gut und er beruhigt sich. Er legt sich hin, lässt sich verwöhnen und döst ein.

Nach etwa einer Stunde hält das Auto an und die
Kinder beginnen zu jammern und zu weinen.
Herrchen befiehlt Fifi aus dem Auto zu springen.

Der freut sich denn er muss ganz dringend mal Pipi. Er springt zum nächsten Baum, hebt sein Beinchen und läuft weiter.

„Wow, riecht das hier gut." Er folgt den vielen fremden Gerüchen.

Nach einer Weile dreht er sich um und schaut zu dem Wagen. Doch der steht nicht mehr am gleichen Ort sondern fährt von ihm weg.

Fifi rennt so schnell er kann hinter ihm her: „ Hey, ihr habt mich vergessen," bellt er laut. Doch das Auto ist viel schneller als er und bald kann er es nicht mehr sehen.

Er rennt immer weiter und weiter bis er nicht mehr kann und müde und erschöpft auf einer Wiese zusammenbricht. Leise wimmernd schläft er ein.

Als er wieder aufwacht geht gerade die Sonne auf. Er erinnert sich an den vergangenen Tag und wird wieder tieftraurig.

Allerdings ist das Knurren seines Magens stärker als seine Trauer. Also macht er sich auf den Weg um etwas zu Fressen zu finden. In der Ferne sieht er ein paar Häuser.

„Da sind Menschen die geben mir sicher etwas zu Fressen," denkt er sich und läuft immer schneller auf die Häuser zu.

Als er am ersten Haus ankommt, schnuppert er an den Wänden und am Tor. „Hm, hier riecht es sehr lecker nach Fleisch". Er läuft durch das Tor auf den Balkon. Hier steht ein gedeckter Tisch mit Schnitzeln und Salat. Weit und breit ist niemand zu sehen. Mit einem Satz springt Fifi auf den Stuhl, zerrt mit dem Maul zwei Schnitzel vom Teller und frisst sie auf der Stelle auf.

In diesem Moment steht ein großer, zorniger Mensch neben ihm und schimpft. Fifi spürt einen Tritt an sein Vorderbein. „Aua", heult er auf und humpelt so schnell er kann davon.

Sein Bein tut höllisch weh, daher kann er nur auf drei Beinen humpeln.

Der Mensch wirft ihm einen Schuh nach, der ihn auf dem Rücken trifft. Fifi rennt um sein Leben.

Endlich ist er weit genug vom Haus entfernt um sich eine Pause zu gönnen. Er trinkt an einer Wasserpfütze und legt sich anschließend unter einen Baum um seine Wunden zu lecken. Er beginnt erbärmlich zu winseln weil er an seine Menschen, an seine Geschwister und seine Mutter denkt. Erschöpft schläft er ein.

So verbringt er einige Wochen. Er streunt herum, stiehlt sich ab und zu etwas zu fressen und schläft auf der Wiese unter einem Baum. Sein gebrochenes Bein heilt langsam, aber es steht jetzt in eine andere Richtung als das andere Bein.

Eines Abends als er wieder auf seiner Wiese liegt und schläft nähern sich ihm fremde Menschen.

Er wird zu spät wach um davonzulaufen und schon hat ihn einer der Menschen auf dem Arm. Er zittert vor Angst doch der Mensch ist ganz sanft und streichelt ihn. Behutsam trägt er ihn in ein Auto.

Sie fahren zu einem Haus. Als sie aussteigen hört Fifi ganz viele andere Hunde bellen.

„Wo bin ich jetzt wieder?", fragt er sich. Die Menschen um ihn herum sind alle sehr lieb und freundlich. Sie geben ihm Futter und Wasser, kümmern sich um seine Wunden und schmusen mit ihm.

Sie nennen ihn Gucci. Eine Frau, die er ganz besonders mag, nimmt ihn ab jetzt jeden Abend mit zu sich nach Hause und lässt ihn in ihrem warmen und weichen Bett schlafen.

Am nächsten Mittag darf er mit zu den anderen Menschen und den vielen bellenden Hunden. Gucci ist sehr glücklich und gewöhnt sich schnell an den Tagesablauf.

Eines Tages nimmt ihn seine Pflegerin auf den Arm und bringt ihn zu einer fremden Frau, die vor dem Haus auf sie wartet. Gucci ahnt, dass jetzt wieder etwas unvorhersehbares passieren wird und wird unruhig.

Die fremde Frau nimmt ihn zärtlich auf den Arm und er sieht in ein paar wundervolle, tief-blaue und warmherzige Augen. So etwas hatte er zuvor noch nie gesehen und er kuschelt sich sofort behaglich an die fremde Frau.

Er spürt, dass dies seine neue Familie sein wird. Die fremde Frau hat drei kleine Kinder die auch sofort begeistert von Gucci sind. Sie verlieben sich alle fünf augenblicklich ineinander. Sie nennen Gucci ab jetzt Benny.

Die neue Familie hat eine kleine Wohnung mit einem gemütlichen, kleinen Garten. Es gibt auch einen Wintergarten, dessen Fenster bis zum Boden reichen. Vor dem Fenster steht ein Hundekörbchen mit einer warmen Decke. Von da aus hat Benny eine herrliche Aussicht auf viele Straßen und Gärten.

Am Abend steht Benny neben Frauchens Bett und wimmert weil er ja gewöhnt ist in einem warmen Bett zu schlafen. Der Mann von Frauchen aber, der weder Tiere noch Menschen mag und auch seine Frau und die Kinder schlecht behandelt, verbietet der Frau Benny ins Bett zu lassen.

Einige Tage später wirft Frauchen diesen grässlichen Kerl aus dem Haus und verspricht Benny: „Wir beide bleiben für immer zusammen. Ich will keinen Mann mehr sehen. Du bist mein neuer Partner und mein bester Freund. Niemand ist so treu, ehrlich und rücksichtsvoll wie du. Du freust dich wenn ich glücklich bin und du weinst mit mir wenn ich traurig bin. Ich liebe dich. Du sollst bei uns nicht als Hund leben sondern als Familienmitglied."

Da hüpfte Benny vor Freude auf und ab. Er dreht sich im Kreis und bellt laut. Er legt den Kopf auf Frauchens Schoß, schaut in ihre warmen blauen Augen und schläft zufrieden und glücklich ein.

Von nun an gehört er zu dieser Familie. Er bewacht das Haus und den Garten, liegt stundenlang im Wintergarten und beobachtet die Spaziergänger. Er verbellt die Nachbarhunde und den Briefträger.

Am allerliebsten aber geht er mit seiner Familie in das Wochenendgrundstück. Es ist etwa 30 Minuten zu Fuß vom Haus entfernt. Dort gibt es einige tausend Quadratmeter Wiese und ganz viel Wald drum herum.

Hier gibt es wahnsinnig viel zu schnüffeln. Es riecht nach Rehen, Dachsen, Hasen, Mäusen und Maulwürfen. Auch Kühe und Wildschweine sind manchmal zu sehen.

Benny buddelt Mäuselöcher aus und tobt mit den Kindern herum.

Abends kuschelt er sich müde und ausgepowert an sein Frauchen im Bett. Sie erzählt ihm all ihre Sorgen und Ängste oder tanzt mit ihm vor Freude.

Sonntags, wenn keiner zur Arbeit oder in die Schule muss, liegen sie zu fünft im Bett und singen lustige Lieder. Ja, du hast richtig gehört: Sie singen alle. Denn auch Benny ist ein begeisterter Sänger. Er kann wunderbar den Ton halten und singt am liebsten das Lied „Memories".

So leben sie drei Jahre glücklich zusammen, bis eines Tages Frauchen doch einen neuen Mann kennen lernt.

Benny ist am Anfang sehr eifersüchtig versteht aber schnell, dass es besser ist den Rivalen zu akzeptieren. Er ist ja sehr nett zu ihm. Er gibt ihm leckere Wurst und Fleisch vom Tisch, was er von seinem Frauchen nicht bekommt.

Er geht auch viel mit ihm und Frauchen spazieren. Aber wenn Frauchen übers Wochenende zu dem Mann fährt und Benny mitnimmt, darf er nicht bei seinem Frauchen im Bett schlafen, sondern bekommt eine alte Matratze neben das Bett gelegt.

Die meiste Zeit aber läuft es so, dass Frauchen die Woche über bei Benny und ihren Kindern ist und am Wochenende alleine zu dem Mann fährt.

Benny wacht in der Zeit über die Kinder und das Haus und Frauchen verspricht ihm, dass das auch so bleibt.

Sie bekommt eine neue Arbeit und Benny darf jeden Tag mitgehen denn Frauchen kümmert sich um einen sehr alten Mann der Hunde liebt und der täglich mit Benny singen übt.

Benny liebt inzwischen auch das Autofahren. Damit es keinen Streit zwischen den Kindern darüber gibt wer auf dem Beifahrersitz sitzen darf hat Frauchen entschieden, dass immer nur Benny vorne sitzen darf. Er legt sich nie hin, denn er muss ja aufpassen wohin die Straße führt. Vor jeder Kurve legt er sich rechtzeitig dagegen so, dass Frauchen weiß wie sie fahren muss. Wenn Frauchen den Arm auf die Arm-lehne des Autos legt, dann legt auch Benny seine linke Pfote auf Frauchens Arm.

Immer wieder sehen sie sich dabei tief in die Augen und für Benny ist die Welt in Ordnung. Sie legen zusammen viele tausend Kilometer im Auto zurück.

Nach fünf Jahren sollte diese Idylle leider vorbei sein. Der alte Mann, bei dem Frauchen gearbeitet hat, ist inzwischen gestorben und daher hat sie einen neuen Job angenommen. Sie arbeitet fast überwiegend abends während Benny bei den Kindern bleibt. Sie fährt wegen den Kindern und dem Beruf noch immer nur am Wochenende zu ihrem Mann mit dem sie inzwischen verheiratet ist.

Zwei Jahre später packt Frauchen einige Koffer und zieht mit Benny zu ihrem Mann. Zwei der Kinder wohnen nun in anderen Häusern, die man nur mit dem Auto erreichen kann.

Benny besucht die Kinder ein paar Mal mit Frauchen. Nur noch das jüngste Kind von Frauchen wohnt bei Benny, Frauchen ihrem Mann und seinen beiden Söhnen. Benny verbringt viel Zeit bei diesem Familienmitglied denn Frauchen kommt nur noch sehr selten nach Hause.

Benny hat Probleme sich auf die neue Situation einzustellen. Seine Familie fehlt ihm, er darf nicht auf die Couch, nicht ins Bett, selten in den Garten. Der Mann hat ihm überall Körbchen und Decken auf den Boden gelegt.

Er darf zwar oft spazieren gehen aber ihm fehlt sein Wochenendgrundstück, sein Wintergarten, die Nachbarhunde und vor allem sein Frauchen.
Diese geht manchmal morgens um 6 Uhr aus dem Haus und arbeitet bis abends 22 Uhr.

Benny läuft oft weg um sein Frauchen zu suchen, da der Mann aber immer besser aufpasst, dass alle Türen verschlossen sind hungert sich Benny so dünn , dass er durch die Katzenklappe, die der Mann für seine Katzen an der Kellertür angebracht hat, passt. So steht er auch eines Tages, als Frauchen von der Arbeit kommt, mit der gesamten Klappe um den Hals vor der Tür.

Benny vermisst sein Frauchen und die Familie sehr. Auch sein Frauchen vermisst ihren Benny sehr, aber sie ist zu beschäftigt um etwas an der Situation zu ändern.

Benny frisst immer weniger. Nach fünf Monaten ist Frauchen mehr zuhause aber Benny bekommt immer häufiger schlimme Hustenanfälle und Atemnot. Frauchen legt sich nachts mit Benny zusammen auf die Couch und nimmt ihn liebevoll wie früher in den Arm um ihn zu trösten.

Benny schläft und träumt in dieser Zeit sehr viel und ganz langsam kommt die Erinnerung an seinen Ursprung zurück. Er erinnert sich an die anderen Emgehas, an seinen wahren Namen Damsarta und an die vielen anderen Leben. Er bekommt Sehnsucht nach seinen Emgeha Freunden.

Er erkennt, dass seine Aufgabe als Hund in dieser Familie erfüllt ist. Frauchen hat einen neuen Mann gefunden und braucht ihren besten Freund Benny nicht mehr.

Er ist ihr aber nicht böse, dass sie ihr Versprechen nicht eingehalten hat, denn jetzt erkennt er den Sinn, den sein Hundeleben hatte. Er fühlt jeden Tag stärker, dass es Zeit wird zu gehen.

Mitten in einer Nacht bekommt er einen besonders schweren Erstickungsanfall. Frauchen nimmt ihn mit auf die Couch, legt sich neben ihn, deckt ihn zärtlich zu und beginnt bitterlich zu weinen.

„Es tut mir so leid, dass ich so wenig Zeit für dich habe. Du musst jetzt so viel leiden, das hast du nicht verdient. Du bist der beste Freund der Welt. Ich spüre du wirst mich verlassen und das tut so unsagbar weh. Aber ich kann es auch nicht ertragen dich leiden zu sehen. Darum wünsche ich dir ein wunderschönes neues Leben."

Sie schluchzt verzweifelt und Benny beruhigt sich wieder. Er bringt es nicht übers Herz diese geliebten, tiefblauen Augen weinen zu sehen und sie zu verlassen.

Einige Tage hat er seltener einen Anfall. Er bekommt Tabletten vom Tierarzt, damit sein Herz gestärkt wird und sein Frauchen lacht wieder.

Drei Wochen später fährt sie mit ihrem Mann in den Urlaub. Benny, der sich noch immer an seine Emgeha Freunde erinnert und weiß wer er wirklich ist, bleibt bei den Kindern.

Jetzt endlich kann er seine Familie verlassen ohne in Frauchens blaue Augen sehen zu müssen. Er bekommt einen ganz schlimmen

Erstickungsanfall und die Kinder bringen ihn zum Tierarzt.

Dieser gibt ihm eine Spritze und Damsarta verspürt im gleichen Moment den großen, geliebten Sog.

Er wehrt sich aber gegen den Sog und bleibt noch etwas bei seinem Hundekörper denn die Kinder bringen ihn zum Wochenendgrundstück, das er als Hund so sehr geliebt hat und in dem er mit seiner Familie so glücklich war.

Damsarta freut sich und dreht auch diesmal rasant seine wilden Runden, verscheucht die Vögel und gräbt ein Mäuseloch aus.

Während er noch gräbt, nimmt er sein Frauchen wahr, das verzweifelt an ihn denkt. Mit Hilfe seiner Gedanken wechselt er sofort zu seinem Frauchen, die sehr verweinte Augen hat, auf einem Felsvorsprung sitzt und auf den Atlantik schaut.

Der Himmel ist stark bewölkt. Damsarta setzt sich neben sein Frauchen und liest ihre Gedanken. „Ich mache mir solche Vorwürfe. Hätte ich ihn doch nicht alleine gelassen. Er hat so getrauert und so gelitten. Wäre ich doch nicht in den Urlaub gefahren. Wie soll ich jetzt nach Hause gehen und ihn nie wieder sehen, nie wieder berühren können?"

Plötzlich hört sie in die Stille hinein und flüstert: "Benny, bist du da? Ich spüre dich doch."

„Falls du da bist lass bitte die Sonne durch die Wolken kommen, damit ich weiß, dass es dir gut geht und du mir nicht böse bist."

„Nichts leichter als das", freute sich Damsarta. Er lies die Wolkendecke aufreißen und nahm sein Frauchen mit seiner gesamten Energie in die Arme. Sie spürte die Wärme und schloss die Augen. Nun konnte sie ihn loslassen und auch Damsarta konnte sie in ihrer Trauer alleine lassen, denn er wusste, dass sie sich irgendwann wieder sehen werden und für immer und ewig zusammen bleiben konnten. Allerdings nicht als Mensch und Hund sondern als Emgehas in allen Welten.

Ohne Angst gibt er sich dem großen Sog hin und fliegt in die Multiversen zu seinen Emgeha Freunden. Dort hat er wieder sehr viel zu erzählen über sein Leben als Hund auf dem Planeten Erde.

Damsarta im Multiversum

Damsarta sitzt mit seinen Freunden zusammen und sie erzählen über ihre verschiedenen Daseinsformen. Sein Freund Pulsa erzählt ihm von seinem Erlebnis als Mensch auf dem Planeten Erde.

Damsarta hört ihm aufmerksam zu denn auch er wünscht sich einmal als Mensch auf der Erde zu existieren und so ganz neue Erfahrungen zu sammeln.

Als Wesen auf einem der unzähligen Planeten im Multiversum oder als Tier oder Pflanze auf der Erde kann man sich ja manchmal an sein Emgeha-Dasein erinnern. Doch fast alle Emgehas haben seit tausenden von Jahren beschlossen ihre wahre Herkunft, für die Zeit des Lebens als Mensch auf dem Planeten Erde, zu vergessen.

Damsarta fragt Pulsa: „Wie hast du dich als Mensch gefühlt? Hattest du eine Erinnerung an uns?"

Pulsa erzählt: „Als Mensch geboren zu werden ist keine leichte Aufgabe. Je nachdem wo du geboren wirst, hast du ganz unterschiedliche Voraussetzungen dafür ob du dich an deine Herkunft als Emgeha oder an weitere deiner Daseinsformen erinnern kannst oder nicht.

Von der Geburt bis zu den ersten drei oder vier Lebensjahren können sich die meisten Menschenkinder an ihren Ursprung und an die vergangenen Daseinsformen erinnern und sprechen auch mit anderen Emgehas. Sie können sich, wie ihre Vorfahren, sowohl untereinander als auch mit Tieren und Pflanzen telepathisch unterhalten.

In einigen Gebieten sind die Menschen sehr mit der Natur verbunden. Da behalten auch die größeren Kinder und erwachsenen Menschen viele ihrer Fähigkeiten bei und leben in Frieden und glücklich miteinander.

In den Jahrmillionen seit die Emgehas die Erde besuchen hat sich vieles verändert. Zu Beginn gab es keine Sprache und keine Schrift. Wir haben auch im materialisierten Körper per Telepathie und universellem Wissen kommuniziert.

Doch bald verloren einige Emgehas ihr Wissen weil sie etwas Neues ausprobieren wollten. Sie wollten beweisen, dass sie auch ohne Erinnerung ein gutes und erfülltes Leben führen könnten.

Durch den Verlust der Erinnerung lebten immer mehr Emgehas, als ob es nur dieses eine Leben gäbe.

Sie entwickelten negative Gefühle wie Angst, Neid, Wut und Hass auf andere Menschen denen sie ihr vermeintlich besseres Leben nicht gönnten. Da sie nichts mehr von ihrem Ursprung wissen haben sie auch Angst vor ihrem materiellen Tod.

Dadurch verloren sie auch immer mehr die natürliche Gabe der Telepathie und begannen eine Sprache zu erfinden um miteinander zu kommunizieren. Diese Sprache entwickelte sich je nach Region ganz unterschiedlich und so konnten sich Menschen weder mit Pflanzen noch Tieren und bald kaum mehr untereinander verständigen.

Auch das Wissen ging immer mehr verloren, weil es ohne Telepathie nicht mehr universell gespeichert werden konnte.

Darum begannen die Menschen Schriften zu erfinden, damit sie Wissen weitergeben und bewahren konnten. Dies entwickelte sich immer weiter und bis zur heutigen Zeit sind die Menschen auf Sprache und Schrift angewiesen.

Erst nach ihrem irdischen Tod erkennen fast alle wieder wer sie wirklich sind, woher sie kommen und wohin sie gehen werden. Als Emgeha haben sie auch das universelle Wissen und die Telepathie zurück.

Leider stecken einige Emgehas auch nach dem Tod in ihren Gedanken des irdischen Lebens fest und brauchen lange Zeit um zu ihrem Ursprung zurück zu kehren.

In den ersten Aufzeichnungen der Menschen erzählen sie noch von wiederkehrenden Daseinsformen, vom friedlichem Zusammenleben von Mensch, Tier und Pflanze.
Von der „Einheitssprache" und vielem mehr.

Doch die Menschen, die sich zu weit von ihrem Ursprung entfernt hatten, haben auch die ersten Schriften immer mehr gefälscht um die anderen Menschen von sich anhängig und gefügig zu machen.

Eine ganz fürchterliche Erfindung der Menschen war das Geld. Seit nicht mehr untereinander getauscht und gegenseitig geholfen wird, verkommt die Menschheit noch mehr. Wer Geld besitzt hat Macht und Einfluss.

Inzwischen erkennen aber immer mehr Menschen, dass dieses Leben noch andere Formen hat. Durch bestimmte Glaubensrichtungen und gute Lehrmeister lernen sie ihr wahres Wesen zu entdecken und leben immer mehr im Einklang mit der Natur.

Wir Emgehas wissen, dass es in wenigen hundert Erdenjahren wieder eine friedliche und glückliche Einheit zwischen Tieren, Pflanzen und Menschen geben wird. Wir werden bis dahin genug Erfahrungen mit dem materiellen Körper ohne Wissen um die Herkunft gesammelt haben und für neue Experimente auf dem Planeten Erde offen sein."

Damsarta als Mensch

Nach dem Gespräch mit Pulsa ist Damsarta ganz aufgeregt und wünscht sich nichts sehnlicher als auch einmal die Erfahrung als „unwissen-der Mensch" zu machen.

Es scheint eine große Herausforderung zu sein so ein Leben in unendlicher Liebe und Glück, wie ein Emgeha, zu führen ohne zu wissen wer man tatsächlich ist.

Er weiß, dass alle Lebensformen, die er und die anderen Emgehas durchleben nur dazu dienen neue Erfahrungen zu sammeln. Doch als Mensch scheint diese Aufgabe besonders schwer zu sein, da es kaum Hilfestellung von außen oder innen gibt.

Da die Emgehas auch Lebensformen frei wählen können, verspürt er kurze Zeit später, während einer Ruhephase, wieder den bekannten Sog. Sofort ist er hellwach und kann es kaum erwarten wie sein menschliches Dasein ausfallen wird.

Als Damsarta nach dem großen Zog wieder zu sich kommt ist es wie so oft wieder dunkel und warm um ihn herum. Er hört ein gleichmäßiges dumpfes Klopfen, ein bisschen Glucksen und fühlt eine warme Flüssigkeit um seinen Körper.

Er entdeckt an sich Hände, Arme, Füße, Beine, einen Kopf und einen Oberkörper. „Hurra", denkt er, „endlich bin ich ein Mensch".

Von den Erzählungen der Anderen weiß er, dass das Klopfen der Herzschlag seiner Mutter ist. Da hört er auch die Stimme seiner Mutter und verliebt sich ganz und gar in sie. Mit den Tagen und Wochen aber vergisst er immer mehr wer er wirklich ist und woher er kommt.

Acht Monate lang genießt er die Wärme, den Herzschlag und die Stimme der Mutter. Er kennt keinen Hunger und keinen Durst und manchmal erkennt er sogar ein helles Licht durch die Bauchdecke.

Die überwiegende Zeit ist er glücklich und zufrieden. Nur ab und zu wandelt sich seine Stimmung in Trauer und Verzweiflung. Das hängt meistens mit seiner Mutter zusammen, denn wenn sie sich schlecht fühlt überträgt sich dieses Gefühl durch die Hormone, die durch den gemeinsamen Blutkreislauf wandern, direkt in Damsartas Körper und auch er fühlt sich schlecht ohne zu wissen warum.

Eines Tages bemerkt Damsarta, dass etwas anders ist als sonst. Es ist viel enger als vorher und sein kleiner Körper wird von der warmen und geräumigen Hülle in einen engen Schlauch gedrückt. Nach einigen Stunden in denen er überhaupt nicht begreifen konnte was da mit ihm passiert wird es plötzlich sehr hell um ihn herum. Kurze Zeit später ist es auch noch schrecklich kalt.

Er wurde geboren. Seine Eltern freuen sich sehr über den kleinen Prinzen und schließen ihn liebevoll in die Arme. Sie nennen ihn Pascal. Seine Mutter gibt ihm gegen den Hunger und Durst die Brust zu trinken und sie ziehen ihm gegen die Kälte Kleidung an.

Er wächst zusammen mit einer älteren Schwester auf. Er lernt lächeln, sprechen, laufen und das Leben macht ihm großen Spaß.

Er hat einen, für die anderen unsichtbaren, Freund. Der Emgeha Freund Bukota ist zu ihm gekommen und begleitet ihn.

Nach seinem Dasein als Baum hatte auch Bukota noch viele unterschiedliche Leben bewältigt und hat jetzt erfahren, dass Damsarta gerade als Mensch geboren wurde. Da er sich gut mit Menschen auskennt hat er beschlossen als Emgeha einige Zeit bei Damsarta zu bleiben und ihm zu helfen.

Pascal aber weiß nichts mehr von seinem Emgeha Dasein. Er liebt Bukota und freut sich über alles was er ihm erzählt und zeigt. Pascals Eltern lächeln wenn sie sehen wie er mit seinem unsichtbaren Freund redet und spielt. Auch sie können sich nicht an ihre früheren Leben erinnern. Sie wissen nicht einmal, dass es überhaupt ein Leben nach dem irdischen Tod gibt, geschweige denn, dass es unendlich viele Universen gibt.

Pascal nennt Bukota Boso, dieser Name ist ihm einfach so eingefallen. Sie können in Gedanken miteinander sprechen, so bekommen die Menschen um sie herum nicht alles mit.

Nach drei Jahren geht Pascal in den Kindergarten und lernt andere Kinder kennen. Er findet hier auch einen sehr guten Freund mit dem er jetzt täglich im Kindergarten und anschließend auch zuhause spielt. Der Freund heißt Michael. Sie verstehen sich sehr gut.

Pascal und Bukota unternehmen seitdem nicht mehr soviel miteinander aber Bukota bleibt trotzdem immer in seiner Nähe und beschützt ihn vor gefährlichen Situationen oder zeigt ihm den richtigen Weg, wenn er sich unsicher ist.

Als Pascal in die Schule kommt und noch immer ab und zu mit Bukota redet sagen ihm die Lehrer, dass dies kindisch ist und er es bleiben lassen soll. „Es gibt keine Geister, Engel oder was immer du dir da vorstellst, also lass den Quatsch".

So verliert Pascal immer mehr den Kontakt zu Bukota. Er kann ihn bald weder hören noch sehen. Stattdessen verbringt er seine Zeit mit Michael.

Nach der Schulzeit lernt Pascal Einzelhandelskaufmann in einem Elektronik Geschäft.

Mit 20 lernt er Susanne kennen. Sie verlieben sich, ziehen zusammen, heiraten und bekommen zwei Kinder.

Der Kontakt zu Michael bleibt über all die Jahre bestehen. Auch dieser ist inzwischen verheiratet und hat Kinder.

Bukota ist noch immer in Pascals Nähe und hilft ihm oft bei schwierigen Entscheidungen oder in brenzligen Situationen. Allerdings weiß Pascal das nicht sondern denkt der Zufall würde manche Entscheidung treffen.

Dreißig Jahre später haben Pascals Kinder das Haus verlassen und Susanne erfährt, dass sie an Krebs erkrankt ist. Es folgen viele schlimme Monate für Pascal, denn Susannes Zustand schwankt zwischen Heilung und Verschlechterung. Pascal kann sich kein Leben mehr ohne Susanne vorstellen und hat große Angst davor alleine zu sein.

In dieser Zeit weicht Bukota nicht mehr von Pascals Seite und auch Susanne erscheint er in ihren Träumen und nimmt ihr die Angst vor dem Sterben.

Eines Nachts versteht Susanne was Bukota meint und verlässt, während dem Schlaf, ihren Körper, küsst ihren Pascal noch einmal zärtlich auf den Mund und lässt sich von dem großen Sog wegziehen.

Pascal ist todunglücklich als er am nächsten Morgen den toten Körper seiner geliebten Frau findet.

Er leidet zwei Jahre und versteht einfach nicht warum dies geschehen musste. Er zieht sich immer mehr zurück und auch seine Kinder können ihn nicht trösten.

Einige Zeit später lernt er Katrin kennen. Sie ist eine lebenslustige Frau die ihn aus seiner Lethargie holt und ihm neuen Lebensmut gibt. Sie kaufen sich nach der Pension ein kleines Haus in Südspanien mit Blick aufs Meer. Sie heiraten und verbringen noch vierunddreißig wunderschöne Jahre miteinander.

Eines Tages merkt Pascal wie er immer schwächer wird. Er vergisst vieles und kann nicht mehr so gut laufen. Das Atmen fällt ihm schwer und sein Herz pumpt nicht mehr so kräftig wie all die Jahre vorher.

Er verbringt immer mehr Zeit mit Schlafen. Im Schlaf erscheint ihm Bukota, denn so kann er wieder Kontakt zu seinem Freund aufnehmen.

Pascal spricht mit Bukota über sein vergangenes Leben, über Susanne, Katrin, seine Schwester und seine Kinder.

Mit der Zeit erinnert er sich immer mehr daran wie er als kleines Kind mit Bukota gespielt und gesprochen hat. Immer öfter spricht er auch tagsüber mit Bukota und kann ihn immer besser sehen.

Katrin macht sich große Sorgen um ihren Mann, denn sie denkt, dass er langsam verrückt wird, weil er so viele Selbstgespräche führt.

Bukota erzählt Pascal von den Emgehas und von seinen vergangenen Leben. Davon wie sie sich damals als Bäume kennen lernten und wie viele Zeiteinheiten seitdem vergangen sind.

Pascal wird für seine Umwelt immer sonderbarer, aber in seinem Innern ist er sehr zufrieden. Endlich erkennt er viele Zusammenhänge in seinem Leben.

Er versteht warum Susanne sterben musste. Was „leben" bedeutet. Er freut sich darauf gemeinsam mit Bukota zu den Emgehas zurückzukehren und seine Freunde wieder zu sehen.

In dieser Zeit verschlechtert sich der Gesundheitszustand seines Körpers täglich. Er wirkt immer abwesender, wird immer schwächer, erkennt zeitweise weder Katrin noch die Kinder und bekommt schlechter Luft zum Atmen.

Bukota weicht ihm nicht mehr von der Seite und Pascal sehnt sich immer mehr nach seinen Emgeha Freunden. Er kann es kaum noch erwarten bis er diesen alten, kranken und verletzten Körper verlassen kann.

Endlich ist es soweit. Er spürt, dass er „leichter" wird. Er sieht Susanne, seine Eltern und viele seiner vor ihm gestorbenen Verwandten und Freunde an seinem Bett stehen. Sie lächeln ihn liebevoll an. Bukota sitzt ganz nah bei ihm auf dem Bett und freut sich auf die gemeinsame Reise.

Pascal sagt Katrin, dass er seine Kinder und seine Schwester noch einmal sehen möchte und verabschiedet sich in aller Ruhe von ihnen. Sie weinen und jammern doch er kann ihnen nicht verständlich machen was er denkt und fühlt. Er genießt einfach ihre Gegenwart, umarmt seine Katrin ein letztes Mal und schließt für immer die Augen.

Endlich darf Damsarta diesen Körper verlassen. Ganz langsam steigt er heraus, spürt die Leichtigkeit seines Emgeha–Körpers. Er sieht seinen alten Körper an und hat keine Beziehung mehr zu ihm.

Er schaut sich im Raum um. Seine Freunde und Verwandten sind alle weg. Nur Bukota ist noch geblieben. Er strahlt über das ganze Gesicht.

Jetzt sieht Damsarta zu seiner Familie. Katrin und die Kinder weinen und stehen noch immer fassungslos um sein Bett herum. Er sagt zu Bukota: „ich werde noch einige Zeit bei ihnen bleiben. Auch wenn sie mich nicht sehen können so hoffe ich doch, dass ich ihnen etwas Trost spenden kann."

Bukota stimmt zu, denn die Zeit die ihnen jetzt bleibt ist unendlich und die wenige Zeit die Menschen auf der Erde verbringen dauert nur einen kleinen Moment.

Bukota verabschiedet sich von Damsarta und kehrt zurück in alle Welten wo er auf seinen Freund warten wird.

Damsarta genießt es durch Gedanken an verschiedene Orte zu reisen. Er kehrt noch mal zu seinem geliebten Meer zurück, sitzt einige Zeit im Sand, hört das Rauschen der Wellen und den Wind an den Felsen.

Anschließend geht er wieder zu Katrin die ihn sehr vermisst. Er kann das gut nachfühlen, denn er fühlte sich genauso unglücklich als Susanne starb.

Nur jetzt hat er dafür eine ganz andere Sichtweise. Er geht auch zu seinen Kindern. Diese verkraften seinen Tod besser. Sie sagen, dass er ein langes und erfülltes Leben gehabt hätte und sie jetzt froh wären, dass er nicht mehr leiden müsse. Allerdings spürt er bei ihnen auch etwas Neid und Missgunst Katrin gegenüber, denn sie gönnen ihr das Haus in Südspanien nicht.

Pascal hat ihnen nicht viel Geld vererbt sondern hat fast alles zusammen mit Katrin ausgegeben. Sie waren sich immer einig, dass die Kinder nicht auf ein großes Erbe hoffen sollten sondern sich ihren Lebensstandart selbst verdienen müssen. Es macht ihn traurig, dass sie jetzt solche Gedanken haben und Katrin nicht das Haus gönnen.

Am Tag seiner Beerdigung steht Damsarta ganz nah bei Katrin und stützt sie so gut er kann. Er kann alle Gedanken und Gefühle der Umstehenden erkennen und über manche Gedanken muss er schmunzeln.

Er kann niemandem böse sein denn er weiß, dass jeder der hier auf Erden lebt, in Wirklichkeit ein Emgeha ist und sich irgendwann seiner Herkunft wieder bewusst wird.

Aber durch das Leben als Mensch auf der Erde oder als sonstiges Lebewesen irgendwo im Weltall verliert man die Erinnerung an seinen Ursprung.

Nur so hat man die Chance ein mitfühlendes und liebevolles Leben zu führen und dadurch immer mehr Erfahrungen zu sammeln, die man als Emgeha den anderen mitteilen kann.

Es ist eigentlich nur ein Spiel denn jedes Emgeha hat alle Weisheit und Erfahrungen schon in sich, doch sie lieben es sich auf die unterschiedlichen Lebensformen einzulassen um festzustellen wie schnell man sein Verhalten ändern und verschlechtern kann.

Der Pfarrer hält die Grabrede. Spricht von Jesus am Kreuz, von der Auferstehung und von Gott. Damsarta spürt, dass der Pfarrer selbst nicht an das glaubt was er da erzählt. Er ist von tiefen Zweifeln durchbohrt. Aber Damsarta weiß, dass auch er irgendwann verstehen wird worum es wirklich geht.

Die Engel von denen der Pfarrer spricht kennt Damsarta gut. Auch diese sind Emgehas die immer wieder zur Erde zurückkehren um den Menschen ihr wahres Wesen zu zeigen und den anderen Emgehas helfen möchten das Erden Dasein einfacher und leichter zu überstehen. So wie auch Bukota ihn die ganze Zeit begleitet hat.

Vielen haben sie dabei geholfen, aber ebenso viele wollen sich auch einfach nicht helfen lassen. Außer den Engeln gibt es noch andere Emgehas, die sich auf der Erde ihrer Herkunft bewusst sind und die mit großem Eifer daran arbeiten weitere Menschen zu einem liebevollen Umgang mit sich und anderen zu führen.

Damsarta bleibt noch einige Zeit bei Katrin, denn sie braucht ihn am meisten.

Er hilft er ihr einen neuen Partner zu finden.

Paul ist genauso alt wie Katrin und auch er hat vor einigen Monaten seine Frau verloren. Damsarta sorgt dafür, dass die beiden sich mehrfach über den Weg laufen und sich einander näher kommen. Nach kurzer Zeit verlieben sie sich ineinander.

Endlich lacht Katrin wieder und Damsarta kann sich sicher sein, dass sie ihr restliches Leben glücklich verbringen wird bis er zu ihrem Sterbebett kommt um sie auf ihrer großen Reise zu begleiten.

Erleichtert lässt auch Damsarta das Leben auf der Erde endgültig los und gibt sich dem großen Zog hin.

In den Universen wartet Bukota schon auf ihn und sie haben sich wie immer viel zu erzählen.

Nachwort

Ich hoffe, Ihr lieben Menschenkinder, dass Euch meine Geschichten gefallen haben.
Vielleicht habt Ihr dadurch auch gelernt das Leben nicht so schwer zu nehmen.

Alles verändert sich ständig und irgendwann ist es zu Ende.

Genießt die Zeit die Ihr habt und die Ihr mit anderen Lebewesen verbringen dürft.

Aber fürchtet Euch nicht vor dem Neubeginn. Sondern seid wie ein Emgeha gespannt auf das was als nächstes kommt um daran zu reifen.

Euer Damsarta

www.damsarta.de